ÉTAT DE LA QUESTION

DES

HABITATIONS ET LOGEMENTS

INSALUBRES

ÉTAT DE LA QUESTION

DES

HABITATIONS ET LOGEMENTS

INSALUBRES

PAR ALPHONSE GRÜN

AVOCAT

RÉDACTEUR EN CHEF DU MONITEUR UNIVERSEL.

PARIS

CHEZ GUILLAUMIN, LIBRAIRE

Rue Richelieu, 14.

1849

ÉTAT DE LA QUESTION

DES

HABITATIONS ET LOGEMENTS

INSALUBRES.

La charité, la philanthropie, la science économique proclament également qu'il est d'une haute importance que les pauvres, et surtout les ouvriers des villes, habitent des logements sains ; elles s'accordent à trouver un triple intérêt engagé dans cette grave question : un intérêt matériel, celui de la santé, de la vigueur, du bien-être physique des individus ; un intérêt moral, la propreté, la salubrité de l'habitation ayant une grande influence sur l'esprit de famille, et l'ouvrier ne pouvant éprouver que de l'éloignement à l'égard d'un intérieur repoussant pour ses yeux, compromettant pour sa santé, et d'où il s'empresse de fuir, afin de chercher des jouissances, souvent funestes, ailleurs qu'au foyer domestique; enfin un intérêt national, le pays étant intéressé à la vigoureuse constitution des citoyens appelés à le défendre. Il est malheureusement constaté que le nombre des hommes réformés pour infirmités tend sans cesse à s'accroître, et que les populations des villes présentent une quantité de plus en plus considérable de jeunes gens qui n'atteignent pas la taille fixée pour l'aptitude au service militaire, bien que le minimum de stature ait été abaissé.

On ne doit donc pas s'étonner de la préoccupation toute particulière qu'a inspirée la question de salubrité des logements, et l'on trouvera tout naturel qu'un membre de l'Institut, M. Blanqui, chargé par l'Académie des sciences morales et politiques d'une mission relative aux classes ouvrières, ait terminé son rapport par cette conclusion : « Qu'y a-t-il à faire ? En première ligne, une législation spéciale sur les logements dont l'horrible insalubrité est la cause première de cette mortalité sans terme et de cette immoralité sans nom qui décime et appauvrit la population de quelques-unes de nos grandes villes. »

Pour arriver à la solution, il faut rechercher quel est, en France, le véritable état des choses, quels moyens fournit la législation actuelle, quelles dispositions on pourrait y ajouter, enfin quels sont les précédents et les opinions de nature à éclairer la route qu'on voudrait suivre.

I.

Les maux auxquels il s'agit de porter remède ne frappent pas la France seule ; l'Angleterre en souffre autant que nous : ses riches cités industrielles renferment des misères qu'elle-même ne soupçonnait pas. Les travaux entrepris en 1832 pour la salubrité publique, après l'invasion du choléra, ont amené des révélations qui ont ému la pitié des citoyens, éveillé la sollicitude des administrateurs, inquiété la prévoyance des hommes d'Etat ; des enquêtes nombreuses ont eu lieu au nom du parlement ou par les soins d'associations bienfaisantes : les résultats en ont été publiés ; ils ont servi de base à d'excellents projets qui se poursuivent avec persévérance ; ils sont résumés par plusieurs écrivains français qui en ont tiré d'utiles enseignements ; il nous suffira de renvoyer aux ouvrages de MM. Buret, Fix et Léon Faucher.

Bornons notre examen à la France.

L'état des habitations des classes laborieuses est bien différent dans les campagnes et dans les villes.

En général, et sauf certaines conditions topographiques toutes spéciales, le paysan a une vie plus saine que l'ouvrier des villes. Il travaille presque toujours au grand air; les rues des villages ne sont pas étroites, ni les maisons surchargées d'étages peuplés de locataires étrangers les uns aux autres. Toutefois la salubrité des habitations rurales n'est pas égale dans toutes les parties de la France. Le midi compte peu de populations agglomérées à l'excès: la beauté du climat supplée à ce que laisse à désirer la propreté de l'intérieur des appartements. Dans beaucoup de départements de l'ouest, du nord, de l'est, les paysans sont généralement logés d'une manière assez satisfaisante. Il n'en est pas de même dans plusieurs contrées du centre: on y rencontre trop souvent des sortes de huttes en terre creusées dans le sol, et dépourvues de toute espèce de confortable. On voit fréquemment des maisons qui n'ont d'autre ouverture qu'une porte : l'intérieur, composé d'une seule pièce, sert à tous les usages du ménage, et renferme tous les membres de la famille, mêlés quelquefois aux animaux ; l'air et le jour y manquent ; cependant les paysans refusent de changer cette disposition, parce que la sûreté de leur habitation leur paraît mieux garantie quand l'entrée n'est possible que par une porte facile à bien fermer, et d'ailleurs parce que ce mode de construction les exempte de l'impôt des fenêtres.

Les causes d'insalubrité dans les campagnes proviennent souvent du mauvais emplacement des fumiers, des eaux stagnantes, du défaut de soin des animaux.

Au surplus, il est impossible de voyager dans une grande partie de la France sans être frappé de l'amélioration des constructions, même dans les communes de peu d'importance. On peut espérer de nouveaux progrès quand on constate combien il s'en est opéré depuis vingt ans dans les vêtements du paysan : c'est une observation constante que l'homme qui a d'abord pris soin de sa personne, et cherché à s'habiller d'une manière commode, s'occupera ensuite de l'aisance et de l'agrément de son habitation ; il semble que la civilisation, partie de l'individu, rayonne successivement sur tout ce qui l'entoure.

Quant aux villes, surtout aux villes industrielles, les conditions de salubrité des habitations d'une très-grande partie des pauvres et des ouvriers sont mauvaises. A Paris, sans parler des garnis où la misère, la débauche, et aussi le crime, viennent payer un abri infect qui fournit à peine l'air indispensable à la vie, plusieurs quartiers offrent des rues formées de petites maisons où les ménages d'ouvriers s'entassent ; ailleurs, ce sont des espèces de grands réceptacles où des centaines de créatures humaines couchent sur la paille et vivent d'aliments dont on n'ose pas indiquer la nature et la source ; enfin combien de maisons vieilles, humides, sans air, sans soleil, reçoivent des milliers de femmes, d'enfants, d'hommes étiolés, sans vigueur, voués à d'affreuses maladies, et décimés les premiers à chaque épidémie qui se déclare ! Ce spectacle affligeant se présente à quiconque a visité la Petite-Pologne, au 1er arrondissement, le nord du 2e arrondissement, les ruelles qui unissent la rue Saint-Denis à la rue Saint-Martin, une partie du 8e, du 9e, du 10e et du 11e arrondissement, et plusieurs quartiers du 12e.

M. Villermé, dans son tableau de l'état des ouvriers, a fait une peinture effrayante de certains quartiers de Reims, de Mulhouse et d'autres cités industrielles. Son ouvrage date déjà d'assez loin pour que les maux qu'il décrit aient pu, depuis cette époque, être adoucis. Un rapport sur la situation matérielle et morale des pauvres patronnés par la société de Saint-Vincent-de-Paul confirme, avec de nouveaux détails, l'insalubrité hideuse des habitations d'ouvriers à Lille, en 1843. M. Blanqui a visité, l'année dernière, les grandes villes industrielles, et il y a des faits profondément affligeants dans ce qu'il dit des habitudes et des logements des ouvriers à Rouen, p. 69 ; à Lille, p. 97 ; à Lyon, p. 133.

Le rapport récent de cet honorable académicien ne paraît pas suffisant : dans un voyage rapide il est difficile de tout voir et d'approfondir ce qu'on voit ; de plus, M. Blanqui a dû négliger un grand nombre de villes qu'il importe de connaître, si on veut se rendre compte de l'état général qu'on désire apprécier ; enfin la statistique dressée, pendant une excursion de courte durée, par une personne isolée, a besoin du contrôle des habitants du pays et des principales autorités locales.

Il semble donc qu'un complément d'enquête serait nécessaire ; il appartient au Gouvernement d'en prendre l'initiative, en adressant aux préfets une série de questions sur toutes les circonstances essentielles des habitations de pauvres ou d'ouvriers, soit à la campagne, soit à la ville, peut-être aussi en confiant à quelques personnes la mission spéciale de prendre à ce sujet tous les renseignements désirables auprès des préfets et des administrations municipales. C'est quand on saurait parfaitement ce qui est, qu'on serait à même de bien juger ce qu'on devrait ou ce qu'on pourrait faire pour l'avenir.

II.

Parmi les remèdes qu'on peut opposer au mal dont nous nous occupons, les uns sont empruntés à la législation actuelle, d'autres supposent des modifications aux lois existantes.

Parlons des premiers.

Les améliorations réclamées par les habitations du pauvre et de l'ouvrier peuvent être provoquées par les autorités préposées à la salubrité publique. Depuis longtemps Paris possède un conseil de salubrité, siégeant auprès du préfet de police, et qui ne cesse de rendre des services éminents. Cette utile institution a été étendue et généralisée par le Gouvernement de la République. Un arrêté du 10-22 août 1848 établit près du ministère de l'agriculture et du commerce un comité consultatif d'hygiène publique, chargé de l'étude et de l'examen de toutes les questions qui lui sont renvoyées par le ministre, en ce qui concerne... l'institution et l'organisation des conseils et des commissions de salubrité..., la salubrité des ateliers...

En exécution de cet arrêté, un autre arrêté du ministre, M. Tourret, en date du 18 décembre 1848, institue des conseils et des commissions d'hygiène publique et de salubrité dans chaque département. Ces conseils, déjà organisés sur plusieurs points du territoire, connaissent les besoins, les intérêts, les souffrances des localités, peuvent éclairer l'autorité et obtenir son concours pour les mesures opportunes ou urgentes ; assurément la question des logements insalubres n'échappera point à leur attention.

A côté de ces commissions viendra se placer l'action des conseils cantonaux d'assistance publique institués par le projet de loi que M. le ministre actuel de l'intérieur s'est empressé de soumettre à l'examen préalable du conseil d'État, et qu'il a porté, avec l'avis exprimé dans un remarquable rapport de M. le conseiller Rivet, à la délibération de l'Assemblée législative.

Avec les institutions organisées par le Gouvernement concourront, pour une large part d'initiative, les associations de bienfaisance et de charité privée. L'autorité peut contribuer de diverses manières à en accroître le nombre et la puissance ; elle le peut par des circulaires destinées à faire connaître leur existence, leur but, les résultats obtenus par elles, à stimuler l'émulation par l'exemple, à donner l'impulsion par les conseils ; elle peut aussi agir par des encouragements pécuniaires dans les limites du budget, par des règlements d'administration publique admettant les associations importantes et éprouvées, à l'honneur et aux avantages des établissements d'utilité publique, capables de recevoir des legs et des donations. Il existe déjà, et il sera bon qu'on s'efforce de les multiplier, des associations qui ont pour but l'assainissement des logements des classes laborieuses ; j'en parlerai en exposant les précédents de la question.

Les municipalités peuvent assainir des quartiers en opérant des percements de rues, en faisant exécuter des plans d'alignement, en encourageant la construction de maisons spécialement destinées à des logements d'un prix peu élevé. Cet encouragement peut avoir lieu au moyen de primes données à des entrepreneurs, de concessions de terrain faites sous la condition de bâtir de telle ou telle façon, enfin d'exemption d'impôts pour un temps considérable, exemptions qui ont besoin de l'autorisation législative.

Pour que les logements sains et commodes soient recherchés et puissent être occupés par les citoyens sans fortune, le législateur a encore un moyen indirect, mais puissant ; c'est, quand la situation financière du pays le permet, d'abaisser les taxes d'octroi et les impôts qui enchérissent la main-d'œuvre, les denrées et les matériaux, et ainsi diminuent les ressources dont les classes laborieuses peuvent disposer pour se loger.

Tel est l'ensemble des moyens que comporte la législation actuelle ; ils sont administratifs, moraux, volontaires. On peut les croire, on les a crus insuffisants, et on se demande si on ne doit pas solliciter du législateur des mesures qui prennent un caractère impérieux et coercitif.

Examinons ce nouvel ordre d'idées.

III.

Il y a lieu de distinguer trois espèces d'habitations : les maisons à la campagne, les maisons dans les villes, et les ateliers où les ouvriers des manufactures passent une grande partie de leur vie.

Dans les campagnes, l'autorité municipale possède, en ce qui concerne la salubrité, un pouvoir étendu. La loi générale du 24 août 1790, titre II, art. 3, qui embrasse les villages aussi bien que les villes, charge les maires de veiller à la salubrité et à la propreté des rues, places et autres lieux. La loi rurale du 6 octobre 1791, titre II, art. 9, porte que les officiers municipaux doivent veiller à la tranquillité, à la salubrité et à la sûreté des campagnes.

Ces dispositions, dont les municipalités peuvent assurer l'exécution par des règlements de police, ne donnent action que sur ce qui touche à la salubrité générale, et ne permettent pas d'exiger des particuliers qu'ils se conforment, pour la construction ou la disposition intérieure de leurs maisons, à des restrictions gênant leur liberté de propriétaires.

Ne serait-il pas bon que la loi intervînt pour imposer ces restrictions ? N'y a-t-il pas des modes de bâtisse qu'il faut interdire ? Par exemple, ne devrait-on pas interdire les maisons à une seule ouverture ? Afin que la fiscalité ne devienne pas ici un obstacle, ne pourrait-on pas décider que dans chaque habitation rurale un certain nombre d'ouvertures demeureraient exemptes de l'impôt des portes et fenêtres ?

M. Passy, ministre des finances, vient lui-même de reconnaître l'opportunité de rechercher s'il n'y aurait pas des changements à introduire à cet impôt, sous le point de vue dont il est ici question. « Il y a, disait-il à la séance du 3 août 1849, dans la répartition actuelle, un inconvénient très-réel : dans les campagnes, on ne se donne ni le jour ni la lumière dont on aurait besoin, et cela par une appréhension exagérée d'un impôt qui, en réalité, est assez léger. »

C'est dans les villes que la question a le plus d'importance.

Là elle s'applique à des lieux publics et aux maisons tout à fait privées.

Les lieux publics, tels que les auberges, les hôtels garnis, par cela seul qu'ils ont le caractère d'endroits où le public est reçu, sont soumis à l'action de l'autorité, à l'inspection de la police. L'odieuse insalubrité des garnis de bas étage qui souillent les grandes villes a, depuis longtemps, excité, à Paris (1), l'attention du conseil de salu-

---

(1) D'après M. Fregier, *Des classes dangereuses de la population dans les grandes villes*, les garnis de Paris sont de deux espèces : les uns logent surtout des ouvriers maçons et charpentiers, qui sont honnêtes, rangés, habitent des chambrées et payent au mois ou à la semaine. D'autres abritent, à la nuit, pour 1 ou 2 sous, des hommes de toutes professions ou sans profession, des vagabonds, des chiffonniers, des saltimbanques, etc., population qui figure toujours aux premiers rangs

brité ; cette réunion d'hommes distingués par la science et par l'expérience s'est livrée à des travaux approfondis, à des recherches sur les pratiques des pays étrangers, et a formulé des propositions qui sont souvent devenues des arrêtés administratifs. C'est sur son avis qu'a été rendue l'ordonnance de police du 20 novembre 1848, concernant la salubrité des habitations, ordonnance dont les art. 7 et 8 disposent ainsi à l'égard des maisons garnies :.

« Dans les maisons louées en garni, le nombre de lits placés dans les chambres à coucher sera réglé proportionnellement au cube de ces chambres, et de telle sorte qu'il y ait au moins 14 mètres cubes par personne. Les chambres devront, en outre, être convenablement ventilées.

« Les locaux qui ne recevraient pas directement l'air de la rue ou d'une cour suffisamment étendue, ceux dont l'humidité ne pourrait être détruite par une aération convenable, ne pourront être loués en garni pour le coucher. »

Ces articles sont de nature à se généraliser et à prendre place dans une loi ; il faut, pour qu'ils aient une efficacité réelle, qu'ils soient sérieusement appliqués par un bon système d'inspection, et par de sévères répressions judiciaires ; autrement ils ne seraient qu'une lettre morte.

Quant aux maisons particulières, la difficulté est grande ; elle met aux prises les droits de l'Etat relativement à la salubrité et les droits des citoyens relativement à leur propriété privée qui, souvent, dans les villes, est d'une importance considérable : c'est le même antagonisme qui se présente sous toutes les formes chaque

---

do l'émeute. L'industrie des chiffonniers entraine avec elle une telle saleté, que peut-être ne trouverait-elle pas accès dans des maisons propres et bien tenues. Afin de ne pas laisser ces malheureux sans asile, et, en même temps, de ne pas compromettre, par leur présence et leur encombrement, les habitations où ils logeraient, M. Fregier propose que l'on bâtisse pour eux, dans les faubourgs de Paris, des maisons appropriées spécialement aux nécessités de leur état.

fois que les intérêts de l'individu se trouvent opposés à ceux de la masse ; les bonnes lois sont celles qui font la part équitable et nécessaire à tous les droits et à tous les intérêts.

Les municipalités ont bien la faculté et même l'obligation de prendre toutes les précautions pour prévenir les épidémies et maladies contagieuses : la loi du 24 août 1790 leur confère un pouvoir réglementaire pour tout ce qui touche directement la sûreté et la salubrité publiques ; la cour de cassation a souvent reconnu le caractère obligatoire de règlements de police rédigés dans ce but, et attaqués par l'intérêt privé. Mais le texte et l'esprit de la loi ne s'appliquent qu'aux mesures prises pour assurer la salubrité *publique*, c'est-à-dire pour prévenir tout ce qui, dans l'intérieur des habitations, peut devenir un foyer d'infection qui communique des émanations malsaines dans le voisinage ; mais elle ne protège pas les citoyens contre les causes d'insalubrité qui ne s'étendent pas au dehors, et ne menacent d'aucune contagion. Sous la législation actuelle, le propriétaire d'une maison peut, en se conformant aux règlements de police sur la salubrité publique, habiter les appartements les plus malsains, et y loger les locataires qui voudront bien se contenter d'un local présentant des conditions aussi défavorables. Chez lui, si les voisins et le quartier n'ont rien à redouter de la mauvaise construction ou de la mauvaise tenue de sa maison, il est maître d'être logé aussi mal qu'il lui convient et de loger les autres aussi mal qu'il leur plaît, l'insalubrité intérieure dût-elle même être mortelle !

L'ordonnance de police, déjà citée, du 20 novembre 1848, a essayé de concilier les deux intérêts, en imposant quelques prescriptions pour l'intérieur des maisons ; elle a considéré que la salubrité des habitations est une des conditions les plus essentielles de la santé publique ; que les travaux publics exécutés pour l'assainissement du sol doivent trouver leur complément dans les mesures de salubrité applicables dans les habitations mêmes ; en conséquence, elle exige que les maisons soient tenues, tant à l'intérieur qu'à l'extérieur, dans un état constant de propreté ; qu'elles soient pourvues de tuyaux et de cuvettes en bon état, et sans mauvaise odeur, pour l'écoulement et la conduite des eaux ménagères ; que ces eaux ne puissent séjourner ni dans les cours, ni dans les allées ; que les loges de portiers soient convenablement ventilées ; que les cabinets d'aisances soient disposés et ventilés de manière à ne pas donner d'odeur ; que le sol soit imperméable et tenu dans un état constant de propreté, et que les tuyaux de chute ne donnent lieu à aucune fuite ; que l'on ne jette ou ne dépose dans les cours, allées et passages aucune matière pouvant entretenir l'humidité ou donner de la mauvaise odeur ; que les fumiers non couverts soient enlevés chaque jour ; que le sol des écuries soit rendu imperméable dans la partie qui reçoit les urines, et que les écuries soient toujours tenues propres : on ajoute qu'il sera pris à l'égard des habitations, et sur l'avis du conseil de salubrité, telles autres mesures spéciales qui seraient jugées nécessaires dans l'intérêt de la salubrité et de la santé publiques, et il est, d'ailleurs, expressément recommandé de se conformer à une instruction annexée du conseil de salubrité ; enfin on maintient les ordonnances de police précédemment rendues sur des matières spéciales intéressant la salubrité, et, après la formule ordinaire, qui renvoie les contrevenants devant les tribunaux compétents, on ajoute : sans préjudice des mesures administratives qu'il y aurait lieu de prendre suivant les cas.

On voit, par les dispositions qui viennent d'être analysées, que cet arrêté est un pas dans une voie nouvelle ; mais, il faut se hâter de le dire, il ne concerne que le ressort de la préfecture de police de Paris, et il est plutôt un avertissement qu'une prescription rigoureusement impérative : sa légalité, sur certains points, serait contestable, et il suffit de connaître un peu les habitudes de la voirie parisienne et l'organisation de ce service pour savoir que l'exécution de l'arrêté du 20 novembre ne répond pas, ne peut pas répondre à ses bonnes intentions. L'administration a bien recouru à des avertissements officieux ; mais, quand elle n'a pas été écoutée, elle a dû se borner à provoquer, de la part des tribunaux de simple police, des condamnations à des amendes minimes, sanction évidemment insuffisante. Le conseil de salubrité a contribué à l'amélioration de quelques maisons garnies ; mais il n'a pu obtenir des résultats partiels qu'au moyen de visites et de rapports, procédés administratifs qui ne pourraient être efficaces qu'à la condition de devenir très-fréquents, ce qui ne s'accorde guère avec les occupations et la situation de la plupart des membres du comité : d'ailleurs la sanction légale leur ferait trop souvent défaut.

Il faut, pour atteindre le but, que l'autorité intervienne d'une manière générale et désarme les résistances de l'intérêt privé. Cette intervention a eu lieu, à Paris, pour un cas analogue. De fréquentes discussions s'élevaient devant le conseil d'Etat au sujet des arrêtés qui réglaient la hauteur des façades des maisons. Le pouvoir exécutif a rendu un arrêté, du 15 juillet-18 août 1848, qui règle la hauteur des façades des bâtiments dans la ville de Paris, non-seulement sur la voie publique, mais même pour les parties intérieures de ces bâtiments ; le même arrêté règle tout ce qui concerne la construction des combles, pour tous les bâtiments placés ou non sur la voie publique.

Mais cet acte, dont on a déjà cherché à éluder les prescriptions, n'est applicable qu'à Paris.

Ce qu'il a fait, pour la capitale, dans l'intérêt de la sûreté des habitants des maisons, on demande que la loi le fasse, pour toute la France, dans l'intérêt de la santé des citoyens ; on désire que le législateur, dans des vues d'utilité générale, impose ici des sacrifices à la propriété.

Les dispositions dont on provoque l'établissement se rapportent, soit aux maisons à construire, soit aux maisons existantes.

Pour l'avenir, on a demandé les dispositions législatives suivantes : Fixation d'un maximum de hauteur pour les maisons, d'un minimum de surface des cours, de hauteur et de largeur des allées, de volume d'air pour les chambres, de nombre des fenêtres ; placement et dimensions, au minimum, des loges de portiers et des chambres de domestiques ; mesures impératives d'assainissement et d'entretien , notamment pour les égouts, fosses d'aisances, tuyaux et autres détails que détermineront les hommes de l'art ; primes et exemption d'impôts pour les constructions nouvelles d'habitations consacrées aux petites locations ; autorisation, et suivant les circonstances, injonction aux communes de concéder à l'industrie particulière des terrains à condition d'y bâtir pour les pauvres ; même autorisation pour des terrains appartenant à l'Etat.

S'il est opportun et utile de pourvoir, dans l'avenir, par de telles mesures, à la salubrité des habitations, il est urgent de remédier, par des prescriptions efficaces, à l'insalubrité présente. On demande d'abord que les propriétaires puissent être obligés légalement d'assainir et de maintenir saines toutes les parties de leurs maisons ; pour cela, il faut que la loi autorise et organise l'inspection de l'intérieur des habitations : c'est sur le rapport des inspecteurs, salariés ou volontaires, que la nécessité des mesures sanitaires pourra être constatée. Si le propriétaire conteste cette nécessité, par quelle autorité la question devra-t-elle être décidée ? Les ouvrages réputés nécessaires pourront-ils provisoirement être exécutés au compte du propriétaire ?

En même temps qu'on pose ces questions délicates que la loi devra résoudre, on rencontre une objection qui ne manque pas de valeur : toutes ces améliorations sanitaires que la loi imposerait au propriétaire tourneraient, dit-on, contre les locataires ; le propriétaire s'indemniserait de ses dépenses en haussant le prix des loyers. Il ne faut pas exagérer la portée de cette observation ; si on n'admet pas que des considérations d'humanité aient de l'influence sur tous les propriétaires, on les reconnaîtra du moins accessibles à l'intérêt bien entendu ; or il est certain que la concurrence ferait tomber les prétentions excessives. La concurrence proviendrait soit des entrepreneurs auxquels les communes auraient accordé des avantages, soit des propriétaires qui auraient bâti avec primes ou exemption d'impôts, ou de ceux qui se contenteraient de loyers modiques mais suffisants, soit enfin des associations bienfaisantes qui fonderaient des établissements destinés aux logements d'ouvriers.

Supposons, et cette hypothèse sera trop souvent une réalité, que des maisons ne puissent être assainies par aucune mesure, par aucun travail intérieur, à raison de leur vétusté, de leur délabrement, de leur mauvaise situation ; on propose alors deux moyens énergiques, l'interdiction de louer et l'expropriation pour cause d'insalubrité publique : la première peut ne porter que sur une partie d'un immeuble, la seconde affecte la totalité. L'une et l'autre doivent évidemment être précédées de constatations faites dans des formes et avec des garanties qu'exige le droit sacré de la propriété. Il faut aussi que la loi à intervenir dise à qui elle permettra de provoquer des mesures aussi graves ; il est probable qu'elle s'en remettrait, à cet égard, à l'initiative de l'autorité municipale.

Si, après les formalités exigées, l'expropriation est ordonnée, quelles en seront les conséquences ? Dans une expropriation pour cause d'utilité publique, la propriété sacrifiée n'est pas supprimée parce qu'elle porte en elle-même un vice qui en commande la disparition, mais parce que sa présence fait obstacle à un projet d'une utilité plus générale que le maintien de cette propriété privée. Ici il n'en serait pas de même : la maison devrait disparaître parce qu'elle menacerait la santé des habitants, de même qu'on fait démolir les édifices qui menacent, par l'imminence de leur chute, la vie des citoyens. Comme alors ce n'est pas un avantage qu'on poursuit, mais un danger qu'on prévient, le sacrifice est sans compensation ; l'expropriation ne donnerait donc pas lieu à indemnité. Le propriétaire ne pourrait tirer parti de son immeuble qu'en le vendant, soit à la commune, soit à des entrepreneurs, s'il n'y a pas lieu de laisser le terrain sans bâtisse. Dans le cas où la commune ordonnerait ou autoriserait, après expropriation, la reconstruction d'une maison ou d'une rue consacrée aux logements d'ouvriers, elle devrait avoir soin d'imposer, dans le cahier des charges, la condition de bâtir des maisons de la même nature ; autrement, si la destination en était changée, si des maisons à locations chè-

res remplaçaient des maisons à petits loyers, il s'ensui-
vrait que les ouvriers dépossédés se verraient forcés d'aller augmenter l'entassement des petites maisons des autres quartiers, et de changer, à leur préjudice, les habitudes ou les besoins qui les avaient fixés dans tel quartier
plutôt que dans tel autre. On doit espérer que, dans l'intérêt des ouvriers, les municipalités ne feraient usage du
droit d'interdire la location ou de provoquer la démolition
qu'après s'être assurées que de nouvelles ou d'autres habitations seraient prêtes pour remplacer celles qui auraient
été interdites ou supprimées.

L'intérêt des propriétaires, des logeurs, qui sont souvent des hommes sans fortune, ne saurait, quelque res-
pectable qu'il soit, quand il ne prend pas le caractère
d'une spéculation sur la misère, et qu'il ne pousse pas
l'avidité jusqu'à dépasser, par l'entassement dans la même
pièce, d'un nombre excessif de personnes, les limites de la
quantité d'air respirable nécessaire à la vie humaine, être
mis en balance avec l'intérêt supérieur de la santé des
populations. Un rapport récent atteste qu'il y a à Paris
cent vingt à cent trente maisons garnies assez insalubres
pour provoquer des mesures rigoureuses ; une inspection
sévère en augmenterait certainement le nombre. Et d'ailleurs, les garnis ne logent ni la majorité ni surtout la
partie la plus morale et la plus intéressante des ouvriers.
Combien de familles pauvres habitent des maisons, des
rues entières qu'il est urgent d'assainir !

Il reste un mot à dire des ateliers des grandes manufactures ; la loi peut et doit aussi intervenir. « Ce droit
d'intervention de la part du Gouvernement, a dit M. Fix,
p. 274, existe déjà en principe et en fait. N'y a-t-il pas
une législation, par exemple, sur les établissements insalubres ? N'y a-t-il pas certaines professions qui sont pla-
cées sous la surveillance de l'autorité pour ne pas compromettre la sécurité et la salubrité publiques ? Ces mesures préservatrices sont prises dans l'intérêt collectif de
la société... L'Etat peut obliger le manufacturier à placer
l'ouvrier dans de suffisantes conditions de salubrité ; il
peut ordonner que certains ateliers soient construits de

telle façon que l'ouvrier ait assez d'air et d'espace ; il peut encore intervenir pour exiger l'application d'appareils de salubrité qui diminuent les dangers de quelques industries. Tout cela doit se faire non-seulement dans l'intérêt spécial des travailleurs, mais, comme nous l'avons dit, dans l'intérêt collectif de la société, et pour arrêter la dégénérescence et l'affaiblissement de l'espèce. »

IV.

Afin de compléter la statistique de cette importante question. je termine par un aperçu sommaire des mesures prises, des vœux émis en Angleterre, en Belgique et en France.

Lorsque le mal des logements insalubres a été révélé en Angleterre, on a voulu en mesurer l'étendue, en connaître les détails : c'est ainsi que procède toujours l'esprit méthodique des Anglais. Des enquêtes ont été instituées officiellement ; des commissions parlementaires, d'autres, qui avaient été nommées par des sociétés, y ont procédé à plusieurs reprises ; des associations bienfaisantes se sont formées et ont pris une extension toujours croissante (1). Les premiers établissements fondés, il y a déjà un assez grand nombre d'années, à Londres, dans le but de loger les classes pauvres, furent des maisons destinées à recevoir pendant la nuit les pauvres sans asile, dont le nombre était immense et la condition vraiment effroyable. Ces maisons, connues sous les noms de *refuges* ou d'*asiles*, se sont multipliées et perfectionnées ; elles offrent au malheureux un lieu de repos, un abri, de la chaleur, un lit, le moyen de préparer ses aliments, le tout à un prix très-médiocre, ou même gratuitement pour certains objets. Les heureux résultats de ces asiles ont déterminé la création de maisons garnies fondées dans de bonnes conditions de salubrité, de bien-être et de bon marché, par di-

---

(1) Voyez l'article de M. Legoyt sur la charité officielle et privée à Londres, dans les *Annales de la charité*, 1849. liv. v et vi La *Revue britannique*, livraison de mars 1848 et juillet 1849.

verses associations, notamment par la *Société des amis
des travailleurs*, qui a créé, dans *George-Street*, un garni
servant d'établissement modèle. La *Société pour l'amélioration de la condition des classes ouvrières*, fondée en 1844,
a créé trois fonds, dont un est destiné à la construction de
ces maisons modèles, qui doivent remplacer les horribles
réceptacles de misère et de vices, où souvent une seule
chambre contient vingt, trente et même quarante individus réunis pendant la nuit. Selon le rapport présenté, en
1848, par son président, lord Ashley, la société a construit
vingt-trois maisons, où elle loue, à la semaine, des logements de trois pièces. Elle a bâti une maison contenant
trente chambres, louées à des pauvres veuves, au prix de
1 fr. 85 c. par semaine ; puis une autre maison pour loger
la nuit, et qui peut contenir commodément quatre-vingts
personnes. On peut y prendre un bain et y cuire soi-
même ses aliments. La société fournit du linge et du sa-
von : le prix est de 40 c. la nuit, prix qu'exigent les maî-
tres de certains bouges infects de Londres. Ces établissements se soutiennent et font même des bénéfices. La société doit construire une maison modèle pour les familles,
où de petits appartements de trois ou quatre pièces seront
loués de 5 fr. 60 c. à 6 fr. 25 c., par semaine, prix que
coûte une seule chambre dans les quartiers pauvres de
Londres.

A la séance générale de la même société, le 30 janvier
1849, lord Ashley a donné les détails suivants sur les progrès de l'œuvre dans différentes villes :

« L'exemple que nous avons donné commence à être
suivi sur une vaste échelle. Pendant les derniers mois
écoulés, le comité a eu la satisfaction d'être témoin de
tentatives faites ou projetées dans plusieurs villes importantes et populeuses et dont la plupart sont des imitations
de cette société.

« Dans la grande paroisse de Sainte-Anne, quartier de
Soho, le recteur et un comité paroissial ont construit et
ouvert une grande maison modèle, dans laquelle d'excellents logements sont disposés pour cent trente-six personnes des classés industrielles.

« Dans le voisinage, dans la paroisse de Saint-James, de Westminster, le recteur, assisté d'un comité, est également occupé d'une construction pareille.

« A Edimbourg et Glascow, des maisons modèles ont déjà été ouvertes et de nouveaux efforts ont été dirigés vers le même but.

« A Bath, un édifice de ce genre a été nouvellement entrepris par le clergé et un comité local, et il n'y a aucun doute sur son prompt et complet achèvement. A Brighton, divers ecclésiastiques ont projeté une maison de logements pour les classes ouvrières, et les mesures sont prises pour son établissement. A Macclesfield, le même but occupe l'attention des habitants, et les mesures s'organisent pour cela. Dans plusieurs autres villes, des entreprises pareilles sont en voie d'exécution à divers degrés d'avancement.

« N'oublions pas de mentionner, quoique ce soit une entreprise indépendante de la nôtre, l'ouverture récente des *édifices métropolitains* près de l'ancienne église Saint-Pancrace, dans lesquels on a préparé des logements pour cent dix familles d'ouvriers. »

L'association métropolitaine pour l'amélioration des habitations des classes ouvrières, fondée en 1845, a un capital considérable. Son but est de bâtir pour les ouvriers des maisons réunissant les meilleures conditions de salubrité, de commodité, et de les louer au plus bas prix possible. Une de ces constructions a été finie en 1847 ; elle comprend des logements de trois et de deux chambres, dont les moins chers coûtent 4 fr. 35 c. par semaine.

D'autres fondations ont encore eu lieu à Londres ; une maison modèle, près des docks, destinée à six cents personnes, en reçoit cinquante ; les ouvriers sont logés pour 30 c. par nuit. Ils y sont chauffés ; un professeur y fait des cours.

Dans la maison modèle de la rue de la Monnaie (Southwark), chaque ouvrier qui couche et paye à la nuit a son lit ; il a l'entrée gratuite d'une bibliothèque de 500 volumes. Une nouvelle maison modèle vient d'être ouverte pour les femmes. Le prix est de 1 fr. 80 c. par semaine ;

chaque femme a son lit, et peut cuire ses aliments dans une cuisine garnie et approvisionnée d'eau. Une société construit des maisons destinées aux ouvriers agricoles qui habitent les faubourgs de Londres. La compagnie du chemin de fer des comtés de l'Est a offert à cette société de transporter chaque jour les laboureurs jusqu'à 8 kilom. et de les ramener le soir, au prix de 10 c. par personne. A l'occasion de cette dernière clause, je ferai observer, en passant, qu'elle est pratiquée en France ; le chemin de fer de Mulhouse à Thann amène chaque matin dans la ville et reconduit le soir, à un prix très-minime, les ouvriers des fabriques qui, pour diminuer leurs dépenses, vont se loger dans des villages.

Indépendamment de tous les efforts et de toutes les combinaisons qui ont pour but d'améliorer les habitations des ouvriers, la loi anglaise, quoique animée d'un profond respect pour la liberté individuelle et pour les prérogatives de la liberté privée, n'a pas hésité à intervenir pour assurer la salubrité intérieure des maisons des pauvres. Le parlement a voté, en 1845, un bill appelé loi des bâtiments (*building act*) exécutoire depuis le 1ᵉʳ janvier 1846, et qui a pour principal objet de prévenir l'entassement des populations dans des habitations malsaines, de régler uniformément la construction des égouts, et certains détails des maisons particulières, par exemple, le minimum de hauteur des étages et des superficies des cours. Son art. 53 supprime les chambres étroites et malsaines. Un autre bill, conçu dans le même esprit, autorise les inspecteurs de police à faire assainir et nettoyer d'office les maisons malpropres et qui seraient le siége de maladies.

En Belgique, l'intervention de la loi n'a pas encore eu lieu d'une manière spéciale, mais elle a été demandée ; ainsi on lit dans une brochure de M. Arrivabene, publiée en 1845, sur la condition des laboureurs et des ouvriers belges et sur quelques mesures pour l'améliorer : « Nous verrions avec satisfaction qu'une loi réglât la manière dont doivent être bâties les maisons destinées à loger les ouvriers. On ne permet pas à un individu dans une ville de donner à la façade de sa maison une forme qui soit contraire aux règles de l'architecture, ou de la badigeonner en rouge ou en noir, et l'on tolère que des spéculateurs bâtissent des quartiers entiers sans aucun égard pour les besoins et le bien-être de ceux qui doivent les habiter ! On voit avec indifférence ce qui, en Belgique, a lieu presque partout où l'on défriche des biens, le pays se couvrir de maisons qui, si l'on considère la nature du climat et le degré de civilisation, sont inférieures aux huttes des sauvages. »

M. Ducpétiaux, économiste et fonctionnaire belge éminent, dans un mémoire à l'appui d'un projet de société pour la construction d'habitations destinées à la classe ouvrière, à Bruxelles et dans les faubourgs, demande que des règlements sur les bâtisses déterminent le mode de construction, l'élévation des étages, la dimension des portes et des fenêtres de façade, les conditions essentielles d'entretien et de réparation ; il ajoute : « Pour saper à leur base les abus criants que nous avons dénoncés, il conviendrait d'arrêter en principe que l'administration communale aura le pouvoir, sinon de provoquer la démolition, du moins d'interdire la mise en location de toutes maisons dont l'insalubrité notoire ou le délabrement serait de nature à compromettre la santé ou la vie des habitants.

« Ce principe admis, qu'on institue une enquête sur l'état des maisons habitées par les ouvriers. Confiée à des experts désignés par l'administration communale, auxquels pourrait être adjoint un commissaire spécial du gouvernement, cette enquête a pour but et pour résultat d'opérer le classement des maisons dont il s'agit, en désignant celles qui, pour cause de danger ou d'insalubrité, ne pourraient être habitées, celles qui auraient besoin d'être réparées et améliorées, celles enfin qui réuniraient les conditions essentielles de sécurité et d'hygiène. On a procédé d'une manière analogue dans plusieurs villes d'Angleterre, en vertu d'un acte du parlement, et la loi récente qui a décrété l'organisation de la police de Londres a été plus loin encore, en autorisant les inspecteurs à faire assainir et nettoyer d'office les maisons malpropres et qui seraient le siége de maladies.

« On nous objectera peut-être le respect dû au droit de

propriété. Mais ce respect peut-il aller jusqu'à laisser porter atteinte à la santé et à la sécurité publiques ? Le droit du propriétaire est nécessairement limité par le droit de la société ; cette limite se trouve inscrite presque à chaque page de nos lois. Pourquoi n'existerait-elle pas aussi pour le spéculateur qui loue ses maisons aux ouvriers et aux indigents ? On met des conditions rigoureuses à la vente des comestibles : on confisque, sans hésiter, les viandes de mauvaise qualité, le poisson corrompu, les boissons frelatées, le pain qui n'a pas le poids légal, et l'on punit en outre les propriétaires que l'on dépouille ; par quelle étrange contradiction les propriétaires de ces hideux réduits, de ces bouges infects, dont l'habitation est tout au moins aussi dangereuse que l'usage des aliments les plus malsains, non-seulement demeureraient-ils impunis, mais jouiraient-ils encore d'une protection toute spéciale et d'une sorte de privilége, en ce qu'ils seraient exemptés de la plupart des conditions imposées aux autres propriétaires ?

« Des précautions minutieuses sont prises pour prévenir les dangers et les inconvénients des établissements réputés dangereux ou insalubres ; nul ne peut établir une usine sans une autorisation préalable, à la suite d'une enquête sévère, où tous les habitants de la localité sont appelés à émettre leur avis et à faire valoir leurs intérêts ; et le premier spéculateur venu pourrait impunément compromettre la santé et la vie des ouvriers en leur affectant des logements malsains, incommodes, où les conditions les plus essentielles feraient défaut ! Une administration intelligente, instituée dans l'intérêt de tous, qui doit sa protection à tous sans distinction de classes, de riches et de pauvres, ne doit pas tolérer, nous semble-t-il, des inconséquences qui frappent les moins clairvoyants. Si les pouvoirs lui manquent à cet effet, si les lois sont insuffisantes, qu'elle réclame près du Gouvernement, près de la législature, le complément de ces lois, la consécration de ces pouvoirs. »

L'administration belge a été, depuis longtemps, saisie, et elle s'occupe de la question. En 1838, le conseil central de salubrité publique avait nommé une commission pour constater l'état des habitations de la classe ouvrière de Bruxelles et pour proposer les moyens de l'améliorer. En 1844, M. Ducpétiaux publia plusieurs écrits sur la mortalité et sur l'influence de l'insalubrité des logements ; il adressa, en 1845, au conseil communal et au conseil central de salubrité publique, son projet d'association financière pour l'amélioration des habitations et l'assainissement des quartiers habités par la classe ouvrière à Bruxelles. Ce projet, où la question est examinée sous le rapport de la salubrité, de la mortalité, des moyens administratifs et des ressources financières, est très-fortement motivé et accompagné de plans, dessins et devis très-intéressants. Le conseil central de salubrité l'a approuvé le 26 décembre 1845. Le 11 avril 1846, le conseil communal l'a renvoyé à une commission de trois membres : il n'a pas encore prononcé sur l'adoption du projet.

Sans attendre cette solution, une association vient de se former spontanément à Liége, où le choléra a exercé de longs et cruels ravages ; cette association, qui a commencé ses opérations, est intitulée : *Société pour la construction de maisons d'ouvriers*. Elle est anonyme et civile. Son but est d'acquérir ou de construire des maisons salubres, convenables à la classe ouvrière, de la loger ainsi mieux qu'elle ne l'est actuellement et à des prix réduits, et de lui faciliter les moyens de devenir propriétaire de ces habitations. Les habitations à acquérir ou à construire par la société seront, en règle générale, disposées de manière à servir à un seul ménage ; elles seront réparties dans les différents quartiers de la ville ; on évitera leur trop grande agglomération sur un même point ; on s'attachera à donner à chacune d'elles un caractère d'individualité qui en rende la propriété plus attrayante. Le conseil d'administration arrêtera un règlement de police qui fera partie intégrante des baux, et auquel les locataires déclareront expressément se soumettre. Le locataire peut devenir propriétaire de la maison qu'il occupe, mais seulement après dix ans d'habitation, à moins que le conseil d'administration n'abrége ce délai. La société reçoit, même par petites sommes, les économies de ses locataires ; ces sommes, avec les intérêts qu'elles auront produits, seront affectées exclusivement au payement du prix d'acquisition (1).

Quand il ne s'agit que de mesures d'assainissement dans l'intérieur des maisons existantes, l'autorité municipale a tcut pouvoir en Belgique, sans l'intervention du pouvoir central. Les libertés communales belges sont très-larges. L'état financier des communes est le seul obstacle aux améliorations dont elles reconnaissent la nécessité. Le gouvernement intervient quelquefois, par des subsides, dans les limites étroites des ressources du budget.

En l'absence d'une loi belge pour l'assainissement et l'amélioration des habitations et des quartiers occupés par la classe ouvrière, le ministère de l'intérieur a institué récemment un concours pour la présentation de projets d'habitations modèles. Le concours donnera probablement lieu à un essai. Le prix de ce concours vient d'être décerné à un jeune architecte de Bruxelles.

En outre, le département de l'intérieur a institué des comités locaux et un conseil supérieur d'hygiène publique.

Dans une circulaire sur les besoins des classes laborieuses, adressée, le 2 juillet 1849, aux gouverneurs des provinces, le ministre de l'intérieur dit : « Le gouvernement demandera en particulier aux conseils provinciaux leur concours pour la réalisation de ses vues en ce qui concerne l'assainissement des quartiers et maisons occupés par les classes ouvrières. Le conseil pourrait nommer dans son sein une commission spéciale qui serait chargée de lui soumettre un rapport sur cet objet, etc. »

---

(1) Une société du même genre vient de se former à Berlin pour bâtir des maisons propres à loger les ouvriers. Les locataires payeront 15 p. 0/0 de moins qu'ailleurs ; en outre, ils auront le précieux avantage d'avoir des logements occupés par eux en toute propriété, après avoir payé leur loyer pendant trente ans. S'ils quittent avant le terme, ils auront en argent leur part de propriété, qui, au bout de cinq ans, équivaut à un loyer annuel. Cette société fonctionne déjà, elle a fait élever dix maisons avec un capital de 50,000 thalers (180,000 fr. environ)

Le 6 juillet 1849, le ministre de la justice écrit aux gouverneurs des provinces : « Engagez les bureaux de bienfaisance à s'occuper de l'amélioration de l'état sanitaire des pauvres, par exemple, à leur donner de la chaux pour le badigeonnage intérieur de leurs maisons. Les bureaux de bienfaisance pourront affecter une partie de leurs dotations à construire des demeures pour les ouvriers indigents. »

J'arrive enfin à ce qui s'est fait en France.

Je ne parle pas des travaux publics que beaucoup de villes ont entrepris dans un but d'embellissement, de sûreté ou de bien-être ; je me restreins aux termes de la question des logements.

Quelques villes, plus directement intéressées aux améliorations nécessaires, plus vivement touchées du spectacle des misères de la classe ouvrière, ont travaillé plus activement à diminuer, sinon à détruire le mal. A Lille, des sociétés se sont formées pour construire des maisons d'ouvriers, saines, et d'un loyer peu élevé; mais elles n'ont pas commencé leurs opérations : la chambre de commerce et la municipalité de la même ville, contrariées par les résistances non-seulement des propriétaires, mais des ouvriers eux-mêmes qui refusent quelquefois de quitter les caves qu'ils habitent, ont émis le vœu d'une loi qui accorderait au pouvoir municipal la faculté de provoquer l'expropriation.

Le même vœu est exprimé par des écrivains qui se sont occupés récemment de la situation physique et morale du peuple : par M. Blanqui, dans son *Traité des classes ouvrières en France pendant l'année* 1848 ; par M. Armand de Melun, qui s'exprime ainsi, p. 70 de sa brochure intitulée *De l'intervention de la société pour prévenir et soulager la misère :* « La loi qui impose un alignement aux maisons nouvelles, quelquefois même détermine la forme et la nature de leurs matériaux, pour la largeur des rues et la beauté des villes, n'a-t-elle pas le droit d'imposer des conditions de salubrité et d'espace pour protéger la santé et la vie ? Et lorsqu'on lui reconnaît le pouvoir d'exiger la démolition d'une vieille maison qui menace ruine et pourrait dans sa chute écraser celui qui l'habite, le lui refusera-t-on lorsque la maison menacera de tuer lentement au lieu d'écraser d'un seul coup ? »

Le système qui étend à la salubrité intérieure des maisons particulières la surveillance et l'autorité de l'administration publique a, toutefois, rencontré des adversaires. M. Amédée Hennequin, dans deux excellents articles intitulés *De l'amélioration des petits logements dans les villes*, et publiés par *le Correspondant*, livraisons de juillet et d'août 1848, pense que, dans une matière si délicate et qui touche de si près à la liberté du domicile, la loi ne doit pas intervenir, à moins que les mœurs ne soient manifestement impuissantes à repousser les abus. Suivant lui, les conseils officieux d'une autorité bienveillante seraient écoutés avec faveur ; il invoque ce qui s'est passé en 1831, au moment de la première approche du choléra ; il rappelle qu'à cette époque furent établies, dans chaque arrondissement de Paris, des commissions sanitaires, composées de médecins, de chimistes et d'habitants notables, et chargées de pourvoir aux mesures d'assainissement, même dans les maisons particulières, mais cela avec un pouvoir purement moral, sauf dans les cas de violation des règlements sur la voirie. M. Hennequin dit que les commissions virent toutes les portes s'ouvrir devant eux, et que leurs conseils furent écoutés et suivis. Il cite une statistique du quartier du Luxembourg, d'où il résulte que la commission sanitaire y obtint de presque tous les propriétaires de maisons malsaines, des réparations d'assainissement ; il pense qu'il en serait de même à l'avenir, que les locataires eux-mêmes tiendraient à faire disparaître des causes d'insalubrité, quand ils attendraient la visite des commissions. Il ne craint pas que des propriétaires mal avisés interdisent, par des calculs sordides, l'entrée de leurs maisons aux commissaires. Il compte sur le patriotisme des citoyens et sur la puissance des bons exemples.

Ces raisons méritent et ont déjà reçu une réponse. Assurément il faut tenir compte des sentiments honorables ; mais l'égoïsme, la cupidité, l'indifférence pour la misère sont de tristes réalités dont il est impossible de faire abstraction. Les faits mêmes que rappelle M. Hennequin porteraient à croire qu'il cède peut-être trop facilement à d'honnêtes illusions. Les membres des commissions sanitaires formées en 1831, même pour le 11ᵉ arrondissement, dont un des quartiers les plus riches et les moins insalubres paraît avoir donné de bons résultats, déclarent qu'ils n'étaient pas toujours bien accueillis quand ils se présentaient dans les maisons, qu'ils éprouvaient de la résistance, surtout de la part des principaux locataires. En 1848, les citoyens de bonne volonté qui ont porté à domicile les bons de secours distribués après la fermeture des ateliers nationaux ont pu constater la triste insalubrité d'une immense quantité de logements. Enfin, en 1849, les commissions sanitaires qui ont fonctionné au moment où le choléra sévissait avec le plus de rigueur, ont rappelé les obstacles qu'on avait rencontrés en 1832, et ceux qu'on ne manquerait pas de rencontrer encore pour pénétrer dans l'intérieur des maisons ; et elles ont paru craindre l'insuffisance de leurs efforts et de ceux de l'administration dans l'état actuel de la législation.

M. Hennequin fait encore cette objection : que la loi règle certaines dispositions intérieures des maisons : empêchera-t-elle l'insalubrité résultant de l'augmentation des membres d'une famille ? Décrétera-t-on que tel logement ne pourra être habité par un père quand il aura tel nombre d'enfants ? Ces inconvénients sont réels, il faut le reconnaître ; mais de ce qu'on ne pourrait obtenir le bien complet, faudrait-il conclure qu'on ne doit pas en faire du tout ? D'ailleurs le mal provenant de l'encombrement diminuera à mesure que les notions et les habitudes d'une bonne hygiène se répandront davantage.

A Paris une association s'est formée pour la création de cités ouvrières qui devront renfermer chacune plusieurs centaines d'habitants. Ces établissements, conçus dans une intention excellente, ont besoin de la sanction de l'expérience. Il ne faut pas se dissimuler qu'ils ont fait naître des objections ; quelques personnes ont craint que des agglomérations d'ouvriers parisiens en grand nombre sur des points donnés ne devinssent un danger pour la tranquillité publique ; qu'il ne s'y formât des centres de réunions politiques, des conciliabules séditieux d'où partiraient des mots d'ordre, des sortes d'injonctions de telle ou telle cité ; que l'indiscipline tumultueuse ne devînt fréquente dans des multitudes habitant ensemble sans soumission à une même règle hiérarchique ; que la facilité des communications et des rapprochements ne fût fatale aux mœurs et au repos des familles ; que l'administration de ces vastes maisons ne fût rendue difficile par la résistance que la solidarité des locataires récalcitrants opposerait aux saisies ou aux expulsions pratiquées contre ceux qui ne payeraient pas ou qui exciteraient du scandale. Le temps apprendra si ces appréhensions sont fondées ou chimériques.

Les cités ouvrières rencontreront à Paris une autre espèce de difficulté signalée par M. Hennequin : les ouvriers, selon cet écrivain, n'y forment pas, comme autour des grandes fabriques des campagnes et des villes industrielles, une classe particulière, distinct du reste de la population, mais qui diffèrent peu entre eux sous le rapport des mœurs, des habitudes, de la situation de fortune. A Paris, le nom générique d'ouvriers rapproche et confond des hommes qui, sous le rapport de l'éducation et de la fortune, sont, en réalité, profondément séparés : on a vu des ouvriers des deux côtés des barricades de juin ; la construction de grandes maisons d'ouvriers à Paris attirerait probablement des habitants insolvables ; mais, quant aux vrais ouvriers de Paris, dit M. Hennequin, « amoureux de l'indépendance, ennemis de toute règle imposée, de toute classification qui tend à les isoler du reste de leurs concitoyens, je doute fort qu'ils s'empressent de se confiner dans ces établissements officiels. »

Il ne faut pas perdre de vue que les objections contre la construction de grandes maisons exclusivement consacrées à des ouvriers ne concernent que Paris ; la question ne se présenterait pas de même pour d'autres villes, et moins encore pour les manufactures établies dans les campagnes.

Des sociétés charitables ont loué à Paris des maisons

qu'elles donnent ensuite en sous-location à des ouvriers ;
elles peuvent aisément choisir et surveiller les locataires
s'ils sont en petit nombre, et leur imposer, dans le traité,
des conditions particulières favorables à la salubrité, à la
tranquillité de la maison. Cette combinaison paraît bonne ;
il se forme des associations qui cherchent à lui donner de
l'extension et à lever les difficultés pécuniaires et légales
qu'elles présentent.

Quant aux manufactures considérables, un grand nombre de fabricants ont fait construire ou réparer leurs ateliers dans de bonnes conditions de salubrité et y ont éta-
bli, quand la nature du travail l'exigeait, des ventilateurs
et autres appareils nécessaires à la santé des centaines
ou des milliers d'ouvriers travaillant ensemble pendant
des journées entières.

Le logement des ouvriers attachés à ces grands établissements a été l'objet d'expériences heureuses. En Alsace,
dans plusieurs localités, les manufacturiers ont fait bâtir des
logements pour les ouvriers et y ont joint un petit jardin :
ils les leur louent à bon marché, sous la condition de cul-
tiver eux-mêmes le jardin et d'envoyer leurs enfants à
l'école. Ce système, qui a ses analogues dans de grands
établissements belges (1), a été imité dans plusieurs villes
manufacturières et dans des fabriques situées à la campagne.

Il existe encore des industries, telles que certaines for-
ges, situées dans des contrées peu habitées, où l'ouvrier
est logé gratuitement. Les manufactures plus rapprochées
des centres de populations et qui occupent un grand
nombre d'ouvriers ne peuvent pas donner le même avantage : c'est pour cette classe de travailleurs que la question du logement prend de l'importance et doit exciter
l'attention de la bienfaisance et du pouvoir. C'est princi-
palement dans leur intérêt qu'avait été conçue une proposition faite l'année dernière au Gouvernement provi-
soire et qui tendait à obtenir une loi ordonnant que les

---

(1) *Voyez* Théodore Fix, *Observations sur l'état des classes ouvrières*, p. 387.

compagnies anonymes ne seraient autorisées par le conseil d'État qu'à la charge de se soumettre à un règlement d'administration publique qui réserverait un prélèvement sur les bénéfices pour l'appliquer à différents
usages philanthropiques, notamment à l'assainissement
et à l'entretien des logements d'ouvriers. Ce projet, sur
lequel on pourra revenir, ne doit être mentionné ici que
comme une simple indication et, en quelque sorte, pour
mémoire.

Je n'ai plus à parler que des précédents parlementaires.

L'assemblée constituante, sur le rapport du comité des
travaux publics, et après une discussion approfondie, a
rendu, le 13 juillet 1848, un décret qui avait un double
but, à savoir, d'encourager la construction de nouveaux
bâtiments et de faire élever des habitations saines spécialement destinées aux ouvriers : l'art. 2 porte que l'exemption d'impôts sur les maisons élevées et terminées dans
un temps limité par l'art. 1er s'étendra à quinze ans pour
les constructions *destinées à des logements d'ouvriers ;* et,
pour que la destination soit certaine et le but atteint, le
décret ajoute que cette immunité ne sera accordée que
pour les maisons dont les plans, devis et emplacements
projetés auront été soumis préalablement à l'examen de
l'administration et à son approbation.

L'expression vague de *logements d'ouvriers* employée
par ce décret a été justement critiquée, notamment par
M. Hennequin, qui distingue, avec sagacité, entre les
ouvriers et les indigents, et qui voudrait que l'Assemblée
nationale eût dit que ce qu'elle entendait favoriser, c'était
la construction de maisons de moyenne et petite dimension, en rapport avec les conditions, les besoins et la fortune des particuliers.

Enfin, une proposition spéciale a été faite à l'Assemlée législative par M. de Melun, représentant du département du Nord. Voici en quoi elle consiste : Les administrations municipales seraient autorisées à prescrire les
mesures d'assainissement intérieur nécessaires à la salubrité des habitations, et à interdire la location des maisons ou logements dont l'assainissement serait impossi

ble. L'expropriation serait applicable aux maisons ou ensemble de maisons dont l'insalubrité serait due à une cause extérieure. L'interdiction aurait lieu après une enquête faite par un jury cantonal qui désignerait les logements insalubres, et indiquerait, au besoin, les mesures nécessaires à l'assainissement ; sur son rapport, l'administration municipale fixerait un délai pour l'exécution des travaux, passé lequel le logement pourrait être déclaré insalubre et ne serait plus loué pour habitation sans un nouvel arrêté. Les communes pourraient être autorisées par le préfet à s'imposer extraordinairement jusqu'à 2 centimes additionnels, pour encourager les constructions de petits logements salubres.

Cette proposition a été renvoyée à la commission d'initiative parlementaire, instituée pour l'appréciation des propositions individuelles. Dans la séance du 25 juillet dernier, M. Labordère, rapporteur de cette commission, a proposé le renvoi à l'examen de la commission de l'assistance publique, en exprimant l'approbation du projet, sauf quelques critiques de détail sur la composition du jury cantonal.

Le 30 juillet 1849, l'Assemblée vient d'adopter les conclusions du rapport de M. Labordère ; c'est maintenant d'après le rapport que lui fera la commission d'assistance publique que l'Assemblée législative prononcera sur la proposition de M. de Melun, et donnera, il faut l'espérer, une solution définitive et satisfaisante, attendue, comme beaucoup d'autres, avec une vive et légitime impatience.

EXTRAIT DU MONITEUR UNIVERSEL

des 21, 26 et 27 août 1849.

Typographie PANCKOUCKE, rue des Poitevins, 6.